本书获北京语言大学梧桐创新平台项目资助（中央高校基本科研业务费专项资金），项目批准号 16PT06

汉语技能教学法
课程标准和教学大纲

北京语言大学人文社会科学学部　编

北京语言大学出版社
BEIJING LANGUAGE AND CULTURE
UNIVERSITY PRESS

©2019 北京语言大学出版社，社图号 18282

图书在版编目（CIP）数据

汉语技能教学法课程标准和教学大纲 / 北京语言大
学人文社会科学学部编 . –– 北京：北京语言大学出版社，
2019.1（2023.3 重印）
汉语国际教育本科专业课程系列教材
ISBN 978-7-5619-5425-6

Ⅰ．①汉… Ⅱ．①北… Ⅲ．①汉语 － 对外汉语教学 －
教学研究 － 高等学校 Ⅳ．① H195.3

中国版本图书馆 CIP 数据核字（2018）第 295066 号

汉语技能教学法课程标准和教学大纲
HANYU JINENG JIAOXUEFA KECHENG BIAOZHUN HE JIAOXUE
DAGANG

排版制作：华伦图文制作中心
责任印制：邝　天

出版发行：北京语言大学出版社
社　　址：北京市海淀区学院路 15 号，100083
网　　址：www.blcup.com
电子信箱：service@blcup.com
电　　话：编辑部　　 8610-82301016
　　　　　发行部　　 8610-82303650/3591/3648
　　　　　北语书店　 8610-82303653
　　　　　网购咨询　 8610-82303908
印　　刷：北京虎彩文化传播有限公司

版　　次：2019 年 1 月第 1 版　　　印　　次：2023 年 3 月第 3 次印刷
开　　本：710 毫米 ×1000 毫米　1/16　印　　张：3
字　　数：49 千字
定　　价：15.00 元

PRINTED IN CHINA

目　录

第一部分　课程标准

一、课程基本信息

课程中文名称：汉语技能教学法

课程英文名称：Chinese L2 Pedagogy of Listening, Speaking, Reading and Writing

课程说明：本课程于一个学期内完成

课程类别：专业必修课

课程学时：每周 2 学时，共 36 学时

适用对象：汉语国际教育本科专业三年级学生

课程概述：本课程系统介绍汉语作为第二语言技能教学的基本理论和方法，通过大量教学案例，从汉语作为第二语言技能教学的基本理论、综合课教学、听说读写技能课教学、教师的教学准备等方面分别进行详细阐述。

学习该课程，可以帮助学生对国际汉语课堂教学，尤其是汉语作为第二语言技能教学有更为系统、深入的认识，并重点掌握汉语作为第二语言技能教学的理论与方法，提高学生课堂教学的基本理论水平与实践能力，引导学生在课堂上快速入门，成为合格的国际汉语教师。

二、课程具体说明

（一）课程性质、地位及作用

本课程为汉语国际教育本科学生的专业必修课，旨在通过理论结合实践，从教学理论与教学方法两个维度构建学生汉语作为第二语言技能教学的专业知识体系，帮助学生掌握基本教学能力，获取初步教学经验，提升教学水平。

（二）教学基本要求

1.知识：了解汉语课堂教学的规律，明确听说读写技能教学的目的、原则、重点、难点等，掌握汉语作为第二语言技能教学的理论与方法。

2.能力：本课程具有较强的理论性与实践性，学生在学习本课程的过程中，一方面可以培养汉语作为第二语言技能教学的意识，将所学教学理论与方法融会贯通，提高自己的理论水平与教学能力；另一方面，能够掌握观察问题、研究问题、分析问题、解决问题的方法，培养未来开展课堂教学研究不可或缺的基本科研能力。

3.意义：通过本课程的学习，学生能够充分认识到汉语作为第二语言技能教学的原则、理论与方法，积累初步的教学经验，激发专业学习兴趣，增强自信心，努力成为一名合格的国际汉语教师。

（三）教学方法和手段

本课程在教学理论部分，以教师讲授为主，学生讨论为辅，并穿插案例讲解；在教学方法部分，以教师讲解示范、学生实际演练为主，案例讲解、教师讲授为辅。

教学手段多采用课堂板书和计算机、投影仪等多媒体辅助教学。

（四）教学学时分配

课程内容	学时
第一章 语言技能训练的几个基本理论	**5**
第一节 语言学习与语言教学	1
第二节 培养语感与训练思维能力	1
第三节 语言输入大于语言输出	1
第四节 微技能训练	1

课程内容	学时
第五节　教学有法而无定法，贵在得法	1
第二章　综合课教学——综合技能训练	**7**
第一节　综合课和技能课的特点	1
第二节　三个阶段的综合课教学	1
第三节　综合课的教学环节	2
第四节　实际演练——讲练生词、语法和课文	3
第三章　听力课教学——听力技能训练	**6**
第一节　听力教学的目的和听力训练的原则	1
第二节　听力训练的重点和学生聆听理解的难点	1
第三节　听力训练的方法	2
第四节　听力课的教学环节	2
第四章　口语课教学——说话技能训练	**6**
第一节　说话教学的目的和说话训练的原则	1
第二节　说话训练的重点和难点	1
第三节　说话训练的方法	2
第四节　口语课的教学环节	2
第五章　阅读课教学——阅读技能训练	**4**
第一节　阅读教学的目的	1
第二节　阅读训练的重点	1
第三节　阅读训练的方法和教学环节	2
第六章　写作课教学——写作技能训练	**4**
第一节　写作课的性质和任务	1
第二节　写作教学的原则、重点和教学环节	2

课程内容	学时
第三节　初级阶段写作课的教学内容和方法	1
第七章　教师的教学准备	**4**
第一节　备课	1
第二节　设计教案	2
第三节　准备和制作教具	1

（五）本课程与其他课程的关系

本课程需要学生先修完现代汉语、第二语言教学概论、汉语要素教学法等专业必修课程。

（六）教材及主要参考书目

使用的教材：

杨惠元. 汉语技能教学法 [M]. 北京：北京语言大学出版社，2019.

参考书目：

崔永华，杨寄洲. 对外汉语课堂教学技巧 [M]. 北京：北京语言大学出版社，1997.

刘　珣. 对外汉语教育学引论 [M]. 北京：北京语言大学出版社，2000.

杨惠元. 对外汉语听说教学十四讲 [M]. 北京：北京大学出版社，2009.

赵金铭. 汉语可以这样教——语言技能篇 [M]. 北京：商务印书馆，2006.

周　健. 汉语课堂教学技巧 325 例 [M]. 北京：商务印书馆，2009.

周　健，彭小川，张　军. 汉语教学法研修教程 [M]. 北京：人民教育出版社，2004.

周小兵，李海鸥. 对外汉语教学入门 [M]. 广州：中山大学出版社，2004.

周小兵，宋永波. 对外汉语阅读研究 [M]. 北京：北京大学出版社，2005.

（七）课程考试和评估

期末成绩占总评分数的 60%，闭卷考试；讨论、练习计为平时成绩，期中上交一份两课时的综合课教案，平时成绩与期中成绩共占总评分数的 40%。

（八）课程学分

2 学分

第二部分　教学大纲

第一章　语言技能训练的几个基本理论

章节	教学要求	方法	学时分配
第一节 语言学习与语言教学	△重点： 1. 理解语言学习的"两次转化"的内涵； 2. 理解"用不同的方法训练不同的语言技能"的原因； 3. 了解"综合课打头，按技能设课"教学模式的内涵、原因及条件； 4. 理解课堂教学的特点和性质。	1. 课堂讲授； 2. 学生结合自身学习第二语言的经历，分组讨论对语言学习的"两次转化"和"用不同的方法训练不同的语言技能"的理解，推举代表发言，教师点评。	1
第二节 培养语感与训练思维能力	△重点： 1. 理解语感的内涵及获得的途径； 2. 掌握培养语感的方法； 3. 理解"启迪学生思维"在语言教学中的重要作用； 4. 理解并掌握求同思维、求异思维、形象思维、逻辑思维四种思维形式的内涵，分析其在汉语教学中的应用。 ○难点： 理解培养语感需要设计成组的练习。	1. 课堂讲授； 2. 学生结合已经学习过的汉语要素教学的相关知识，思考并举例说明四种思维形式在汉语教学中的应用，同时分组讨论除这四种思维形式外，是否有补充。	1
第三节 语言输入大于语言输出	△重点： 1. 理解语言教学中"输入大于输出"的内涵及原因；	课堂讲授	1

章节	教学要求	方法	学时分配
第三节 语言输入大于语言输出	2. 了解在教学中贯彻"输入大于输出"这一原则的主要途径： • 转变观念认识 • 改革课程设置 • 增加课堂输入 • 编写和出版课外读物	课堂讲授	1
第四节 微技能训练	△重点： 1. 了解"微技能"的内涵与理论基础； 2. 理解并掌握语言教学的内容，即语言要素、语言技能、言语交际技能及其各自下辖的具体内容； 3. 理解微技能训练的重要作用——语言技能训练的切入点； 4. 分析案例，了解微技能训练的基本方式。	1. 课堂讲授； 2. 教师运用教材本节中的案例向学生展示微技能训练的基本方式。	1
第五节 教学有法而无定法，贵在得法	△重点： 1. 了解"教学有法而无定法，贵在得法"的提出原因； 2. 理解"教学有法"与"教无定法"的内涵，领会二者对立统一的辩证关系； 3. 理解"贵在得法"的核心内涵及体现教学方法科学性与艺术性的几个方面； 4. 理解并掌握贯彻"教学有法而无定法，贵在得法"这一理论的途径。	1. 课堂讲授； 2. 学生结合自身的汉语教学经历或要素教学相关知识分组讨论，举例说明对"贵在得法"的认识，推举代表发言，教师点评。	1

第二章 综合课教学——综合技能训练

章节	教学要求	方法	学时分配
第一节 综合课和技能课的特点	△重点： 1. 理解并掌握综合课和技能课各自的特点，明确二者的区别与联系； 2. 理解综合课中语言要素、语言技能、言语交际技能的教学需注意的问题； 3. 从宏观上理解听力、口语、阅读、写作四种课型的特点。	课堂讲授	1
第二节 三个阶段的综合课教学	△重点： 1. 了解汉语教学初、中、高三个阶段的划分标准及《汉语水平等级标准与语法等级大纲》规定的三等五级三要素的主要内容和数量界定； 2. 通过比较理解三个教学阶段的共性和不同； 3. 理解并掌握三个教学阶段综合课的相同点和不同点，重点理解综合课教学需要处理好的 10 个重要关系。 ○难点： 理解综合课教学需要处理好的 10 个重要关系。	1. 教师分发《汉语水平等级标准与语法等级大纲》三等五级三要素材料，学生分组研读，总结三个教学阶段的共性和不同，教师进行适当补充，进而一起探讨三个阶段综合课教学的异同； 2. 课堂讲授。	1
第三节 综合课的教学环节	△重点： 1. 识记综合课六个教学环节的基本内容； 2. 理解复习环节的目的、内容和作用； 3. 理解并掌握讲练生词环节的一般步骤与常用方法； 4. 掌握讲练语法的三个基本步骤，理解各步骤中需注意的问题；	1. 课堂讲授； 2. 运用教材本节中的案例讲解。	2

章节	教学要求	方法	学时分配
第三节 综合课的教学环节	5. 理解讲练课文的重要性与重点，掌握讲练课文涉及的几个方面与方法，以及课文教学的步骤； 6. 理解总结和布置作业环节的目的及内容，掌握作业的两种基本形式——书面与口头； 7. 掌握综合课六个教学环节所用时间的大概比例。 〇难点： 1. 梳理讲练生词与语法环节的教学步骤与方法，并将其运用到实际教学中； 2. 理解并掌握讲练课文涉及的几个方面与方法，掌握课文教学的步骤。	1. 课堂讲授； 2. 运用教材本节中的案例讲解。	2
第四节 实际演练——讲练生词、语法和课文	△重点： 1. 掌握讲练生词、语法和课文的环节与基本方法； 2. 指导学生编写一份包括讲练生词、语法和课文等环节的综合课教案； 3. 利用教案进行实际教学演练。 〇难点： 编写教案与进行实际教学演练。	1. 教师结合综合课教学视频或教案进行综合课教学示范与讲解； 2. 课下学生分组选定综合课教材中的一课内容，分配任务按照上节课内容设计一次课堂教学，并编写教案； 3. 各组课上进行教学演练，教师及其他学生进行点评。	3

第三章 听力课教学——听力技能训练

章节	教学要求	方法	学时分配
第一节 听力教学的目的和听力训练的原则	△重点： 1. 理解聆听理解的本质及影响语言接收和解码速度的因素，了解听力的内涵； 2. 理解并掌握听力教学的目的； 3. 理解听力训练中"可懂输入"与"让学生获得成就感"两个原则的内涵，掌握贯彻两个原则的具体方法。	课堂讲授	1
第二节 听力训练的重点和学生聆听理解的难点	△重点： 1. 理解并掌握听力训练的两个重点； 2. 了解聆听理解的微技能； 3. 结合自身学习第二语言的经历理解并掌握学生聆听理解的难点。 ○难点： 了解聆听理解的微技能。	1. 课堂讲授； 2. 学生结合自身学习第二语言的经历自由发言，集体讨论对聆听理解微技能的理解及学生面临的难点。	1
第三节 听力训练的方法	△重点： 1. 掌握听力训练采用的综合训练方法及其原因，理解听力训练中听与说、听与读、听与写、听与做的关系； 2. 以声母、韵母、声调、音节为例掌握听力训练中辨别语音声调的常用方法； 3. 掌握辨别词语、句子、课文的具体方法； 4. 了解记忆储存能力的训练方法，并通过案例理解其内涵，掌握具体方法； 5. 从词语、句子、语段三个方面了解联想猜测能力的训练方法；	1. 向学生展示教材中的案例并讲解； 2. 多采用提问方式启发学生主动思考。	2

章节	教学要求	方法	学时分配
第三节 听力训练的方法	6. 理解并掌握听后模仿能力、边听边记能力、快速反应能力和检索监听能力的具体训练方法； 7. 学会如何指导学生提高抓句子、语段和语篇重点的概括总结能力； 8. 总结训练八种微技能的方法，形成个人的听力教学经验系统，加深对听力训练采用综合训练方法的认识。 ○难点： 1. 理解并掌握听力训练中采用的综合训练方法； 2. 梳理训练各种微技能的具体方法，形成个人的听力教学经验系统。	1. 向学生展示教材中的案例并讲解； 2. 多采用提问方式启发学生主动思考。	2
第四节 听力课的教学环节	△重点： 1. 识记听力课的主要教学环节； 2. 了解听力课复习的内容及作用； 3. 理解并掌握听前练习、听时练习、听后练习的内容、意义、教学步骤与注意事项； 4. 明确总结和布置作业的意义与形式，掌握听力课教学每个环节的时间分配。	1. 教师课前给每位学生分发一份听力课教案，课上小组讨论，共同梳理听力课的教学环节、每个环节的教学方式与内容，学生代表分享，教师点评； 2. 教师根据分发的教案给学生进行教学示范并讲解。	2

第四章　口语课教学——说话技能训练

章节	教学要求	方法	学时分配
第一节 说话教学的目的和说话训练的原则	△重点： 1.了解说话活动的本质、学习和使用第二语言思维的特点，以及培养和锻炼思维能力的途径，进而理解和掌握说话教学的目的； 2.理解和掌握"交际性原则"及在说话训练中贯彻这一原则的途径。 ○难点： 理解说话教学的目的。	1.课堂讲授； 2.以教材本节中的案例为示范，讲解说话训练中贯彻"交际性原则"的途径。	1
第二节 说话训练的重点和难点	△重点： 1.理解说话训练的重点； 2.理解和掌握口头表达的微技能； 3.理解并掌握说话训练的难点及相应的教学策略。 ○难点： 理解和掌握口头表达的微技能。	1.课堂讲授； 2.启发学生联系自身学习第二语言的经历理解和掌握口头表达的微技能； 3.教师向学生展示汉语学习者的口语偏误语料，学生归纳偏误，进而总结说话训练的难点。	1
第三节 说话训练的方法	△重点： 1.理解说话训练应采用综合训练方法的原因； 2.理解思维能力对说话训练的重要性，掌握启迪学生思维的方法，尤其是把完成式教材变成未完成式教材的几种具体方法； 3.了解语声表达训练的目标与内容，掌握训练的具体方法。	1.课堂讲授； 2.以教材本节中的案例为示范，介绍具体方法。	2

章节	教学要求	方法	学时分配
第四节 口语课的教学环节	△重点： 1. 了解和掌握口语课的教学环节，明确口语课每个教学环节的时间分配； 2. 掌握教学环节中讲练课文与活用课文的注意事项与具体方法； 3. 理解和掌握总结和布置作业环节的目的、形式及注意事项； 4. 能够根据给定的教学材料设计教学过程并进行实际的教学演练。	1. 教师提前准备好两课时的汉语口语课教学视频或教案，并在课前请学生观看或阅读，要求学生边看边记录，总结口语课的教学环节与时间分配； 2. 教师根据教材本节中的案例进行具体环节的示范和讲解； 3. 学生根据教师提供的教学材料，分组合作，设计一堂口语课，并在课堂上进行实际演练，教师与其他学生点评。	2

第五章　阅读课教学——阅读技能训练

章节	教学要求	方法	学时分配
第一节 阅读教学的 目的	△重点： 1. 了解阅读的三种模型、外部过程与内部过程； 2. 理解阅读理解中的微观策略与宏观策略，掌握培养学生良好阅读习惯的方法； 3. 在理解上述理论的基础上理解阅读理解的本质； 4. 理解并掌握阅读教学的目的。 ○难点： 理解阅读理解的本质，掌握阅读教学的目的。	课堂讲授	1
第二节 阅读训练的 重点	△重点： 1. 了解将积累目的语知识作为阅读训练的目的的重要性以及扩大词汇量、提高理解词句关系能力和增加文化背景知识输入的具体途径； 2. 理解提高阅读理解准确性是阅读训练的重点之一，掌握识别字词、意群，理解长句难句、语段语篇的基本方法； 3. 理解提高阅读理解速度与准确性之间的矛盾关系，掌握训练阅读速度的主要内容及方法，提高阅读效率。	1. 课堂讲授； 2. 运用教材本节中的案例向学生讲解阅读训练的内容。	1

章节	教学要求	方法	学时分配
第三节 阅读训练的方法和教学环节	△重点： 1. 理解并掌握"自下而上—自上而下"的阅读教学思路与教学环节； 2. 理解并掌握"自上而下—自下而上"阅读教学思路的操作步骤与方法以及需要注意的问题； 3. 通过比较总结两种教学思路各自的优势； 4. 学会利用上述两种教学思路，自主设计一堂汉语阅读课。 ○难点： 掌握两种阅读教学思路并将其应用到阅读课设计中。	1. 利用教材本节中的案例讲解两种教学思路指导下的阅读训练的教学环节与内容； 2. 教师另外准备阅读教材中的一课内容，与学生共同讨论两种教学思路下该课的教学设计。	2

第六章 写作课教学——写作技能训练

章节	教学要求	方法	学时分配
第一节 写作课的性质和任务	△重点： 1. 理解重视写作技能训练有教学目的、社会、提高综合语言能力等方面的需要，领会训练写作技能在国际汉语教学中的重要性； 2. 理解并掌握写作课的性质，建立以"实践"为核心的课程意识； 3. 了解并掌握写作课的主要教学任务。	课堂讲授	1
第二节 写作教学的原则、重点和教学环节	△重点： 1. 掌握在写作教学中需要贯彻的原则，重点掌握阶段性原则； 2. 理解并掌握初级阶段写作课的训练重点，包括写字训练、写话训练、写记叙文和应用文训练的方法； 3. 理解并掌握中级阶段及高级阶段写作课的训练重点，特别是议论文写作训练的方法及注意事项； 4. 识记写作课四个教学环节的内容； 5. 理解教师指导环节的目的，掌握本环节教师指导的内容； 6. 了解学生练习环节的要求，掌握这一环节的具体内容与方法； 7. 理解并掌握教师批改环节的内容、原则、重点和形式； 8. 理解并掌握课堂讲评的方法，明确教师在这一环节的角色与注意事项。	1. 课堂讲授； 2. 教师以具体的写作课案例（教案、视频或写作教材中的某一课）向学生示范和讲解写作课的教学环节； 3. 教师展示一篇外国学生写的汉语作文（注意隐私保护），师生一起批改，深入讲解批改环节的注意事项。	2

章节	教学要求	方法	学时分配
第三节 初级阶段写作课的教学内容和方法	△重点： 1. 了解写作课的主要教学内容：写字、写句子和语段、听后写和读后写、写记叙文、写应用文、写议论文等； 2. 理解并掌握写字练习、写句子和语段练习的一些常用训练方法； 3. 理解并掌握听后写与读后写训练的一般步骤与方法； 4. 理解并掌握记叙文与应用文教学的方法与过程，在此基础上探讨议论文的教学方法。 ○难点： 理解并掌握写作课不同教学内容的不同教学方法。	1. 课堂讲授； 2. 利用教材本书中的案例讲解； 3. 在记叙文与应用文教学方法介绍完毕后，启发学生思考并分组讨论议论文的教学方法，教师补充并总结。	1

第七章　教师的教学准备

章节	教学要求	方法	学时分配
第一节 备课	△重点： 1. 了解备课的内涵以及在广义与狭义上的区别，理解备课在教学中的重要性及主要内容； 2. 理解备教材必经的几个环节，并掌握各个环节对教师的要求； 3. 理解并掌握备学生与备方法的内容与途径。	1. 课堂讲授； 2. 通过提问启发学生思考作为新手教师应该如何备课，分组讨论备教材、备学生与备方法的内容与方法，教师补充并总结。	1
第二节 设计教案	△重点： 1. 了解教案的含义及重要性，掌握详细教案与简要教案的区别； 2. 领会教案设计中"精、新、活、实"的要求； 3. 识记教案应包括的基本内容； 4. 理解并掌握教案的正本与附件中每个项目在设计时需要注意的问题，重点是教学过程的写法，学会独立编写一份教案。 ○难点： 理解和掌握教案的写法与要求。	1. 教师任选一种课型的教案，并以此为样本向学生介绍教案的内容与要求； 2. 教师选择与之前示范教案课型一致的教材中的一课，让学生共同讨论该课教案的设计。	2
第三节 准备和制作教具	△重点： 1. 理解教具在教学中的作用； 2. 掌握准备教具的主要途径； 3. 掌握制作教具的方法与要求，尤其是制作多媒体课件时需要注意的问题。	1. 课堂讲授； 2. 选择多篇课文为教学材料，师生共同讨论该课教具的准备。	1

第三部分　教学参考案例

一、教材及教学内容

1. 教材：《汉语技能教学法》（杨惠元著，北京语言大学出版社，2019）

2. 教学内容：第二章第三节"综合课的教学环节"

二、教学对象

汉语国际教育本科专业三年级学生，已修完现代汉语、第二语言教学概论、汉语要素教学法等专业必修课程。

三、教学学时

2 学时

四、教学目标

1. 知识：了解汉语综合课的基本教学环节，包括每个环节的教学内容、教学步骤与时间分配，明确每个环节的教学目的与教学重点；

2. 能力：掌握综合课教学的具体方法，尤其是讲练生词、课文和语法环节的。

五、教学重点与难点

（一）教学重点

1. 识记综合课六个教学环节的基本内容；

2. 理解复习环节的目的、内容和作用；

3. 理解并掌握讲练生词环节的一般步骤与常用方法；

4. 掌握讲练语法的三个基本步骤，理解各步骤中需注意的问题；

5. 理解讲练课文的重要性与重点，掌握讲练课文涉及的几个方面与方法，并掌握课文教学的步骤；

6. 理解总结和布置作业环节的目的及内容，掌握作业的两种基本形式——书面与口头；

7. 掌握综合课六个教学环节所用时间的大概比例。

（二）教学难点

梳理讲练生词与语法环节的教学步骤与方法，并将其运用到实际教学中；理解并掌握讲练课文涉及的几个方面与方法，掌握课文教学的步骤。

六、教学方法

课堂讲授、案例讲解

七、教学环节

（一）导入

教师带领学生回顾综合课的特点与教学任务之后，向学生完整展示汉语综合课教材的一课内容，启发学生思考如何将教材中的内容具体地安排在课堂中，引导学生总结综合课的基本教学环节。

板书或 PPT：

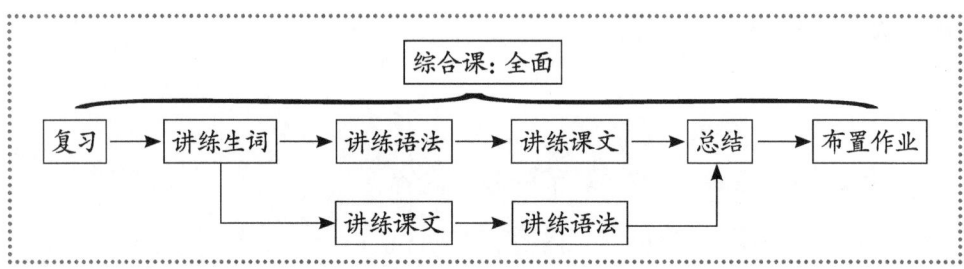

（二）复习环节的目的、内容和作用

教师引导学生思考复习的目的，进而理解复习环节在综合课中不容忽视的作用，同时引导学生思考复习的内容，教师进行归纳。

板书或PPT：

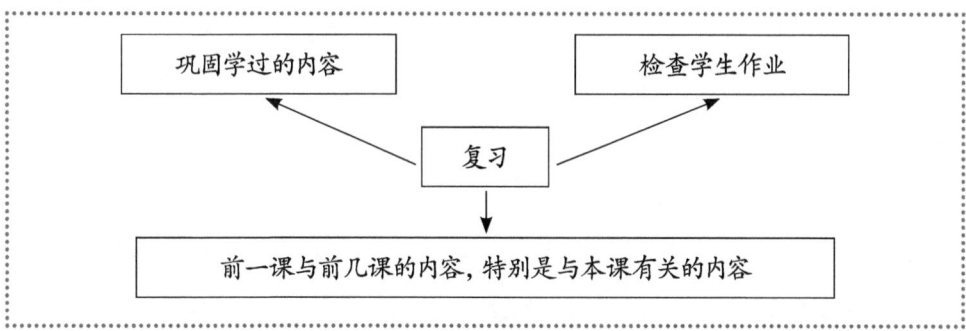

（三）讲练生词的步骤与方法

教师引导学生理解讲练生词的目的，体会综合课教学中生词的重要地位，掌握讲练生词的步骤，并以教材本节中的案例为示范讲解讲练生词的具体方法与注意事项，引导学生梳理整合。

板书或PPT：

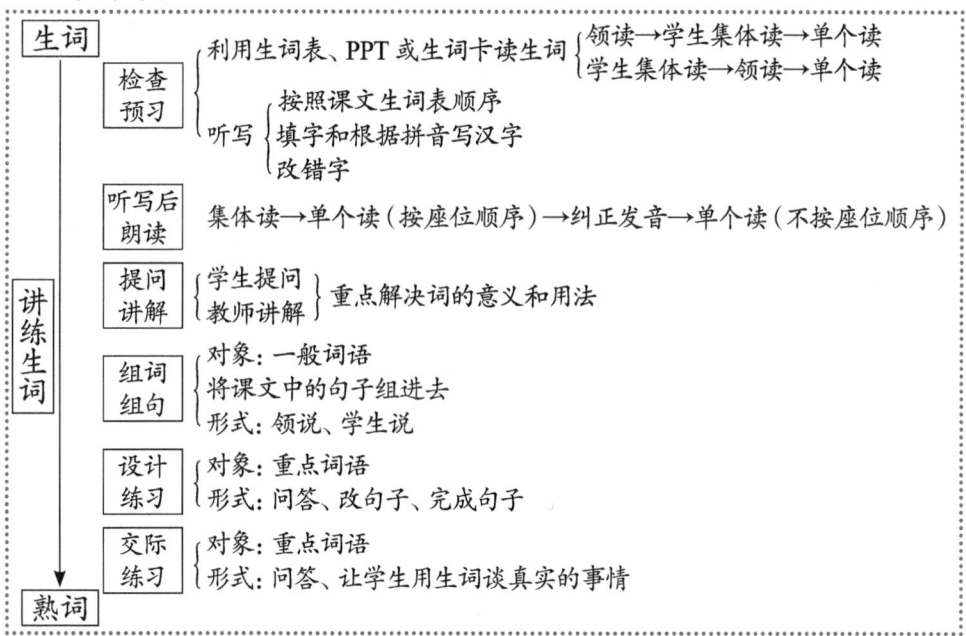

（四）讲练语法的步骤与方法

1.教师假设学生为汉语学习者，以教材本节中的案例为例示范讲解"把"字句，向学生展示讲练语法的程序，引导学生自己总结讲练语法的步骤与方法。

板书或PPT：

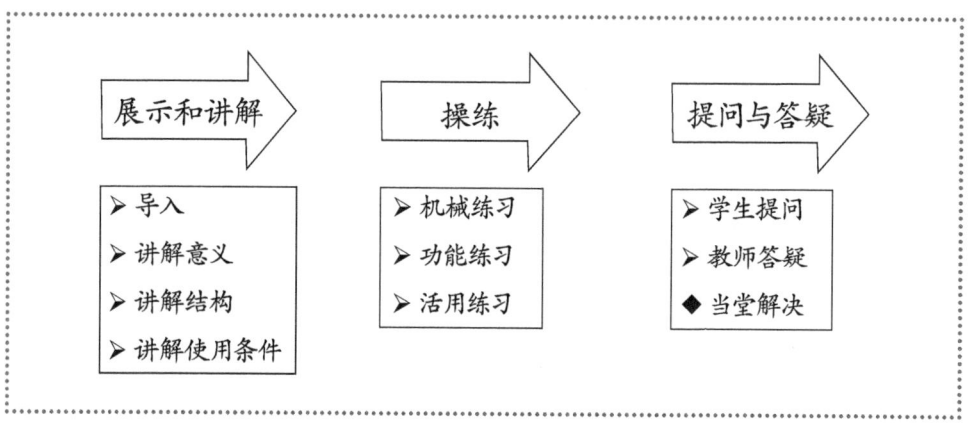

2.教师引导学生按照刚才所讲的语法教学程序设计"比"字句的教学。

板书或PPT：

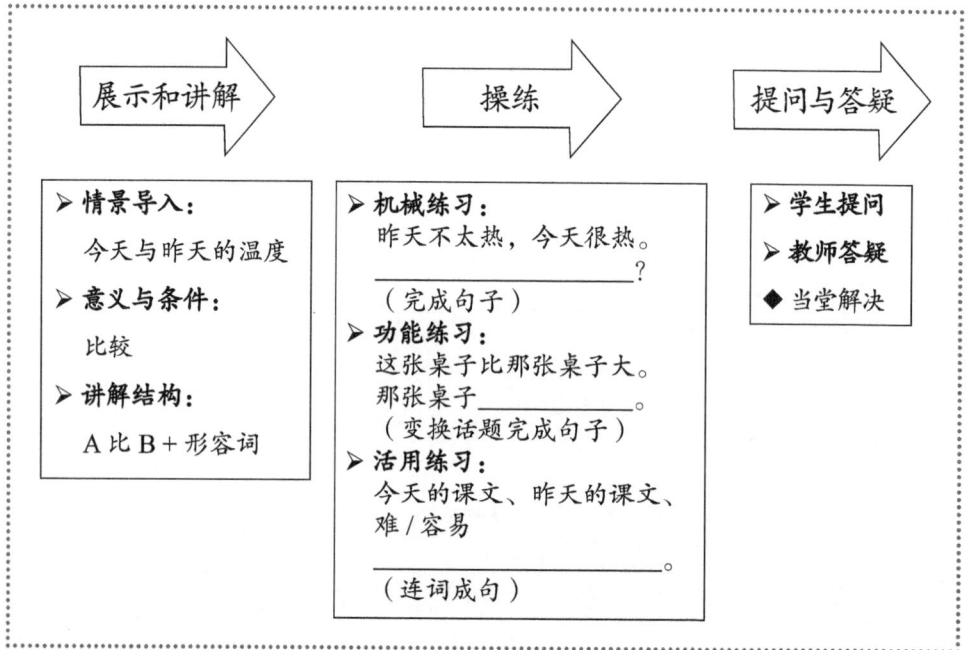

（五）讲练课文的重要性与内容

1. 教师引导学生思考教材中课文编排的基本形式，进而思考不同形式的课文对汉语学习者的意义，总结综合课课文教学的重要作用，理解综合课教学中课文教学的重点。

板书或 PPT：

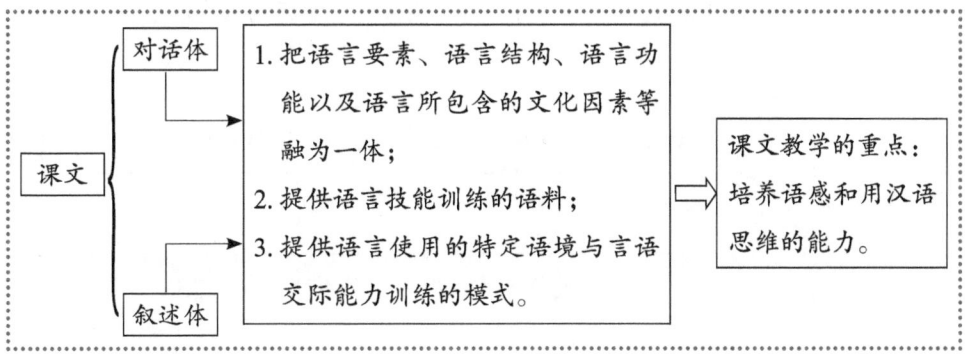

2. 教师引导学生掌握课文讲练的主要内容，并以教材本节中的案例为例，系统讲解课文讲练的步骤与具体方法。

板书或 PPT：

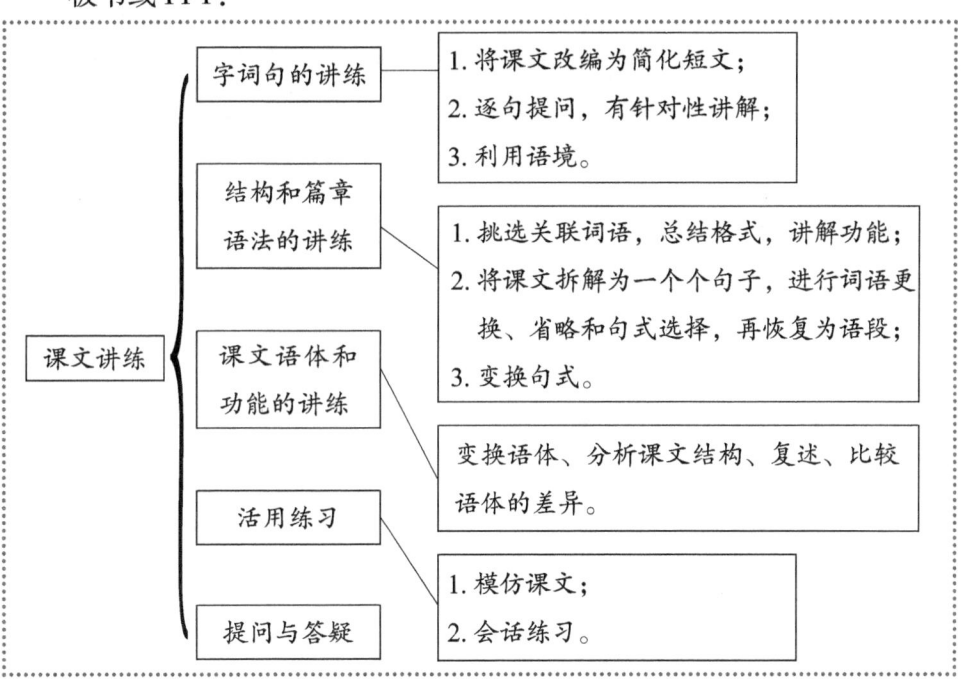

（六）总结和布置作业的目的与内容

教师引导学生思考总结环节的意义，掌握布置作业环节在综合课教学中的作用，归纳作业的形式。

板书或PPT：

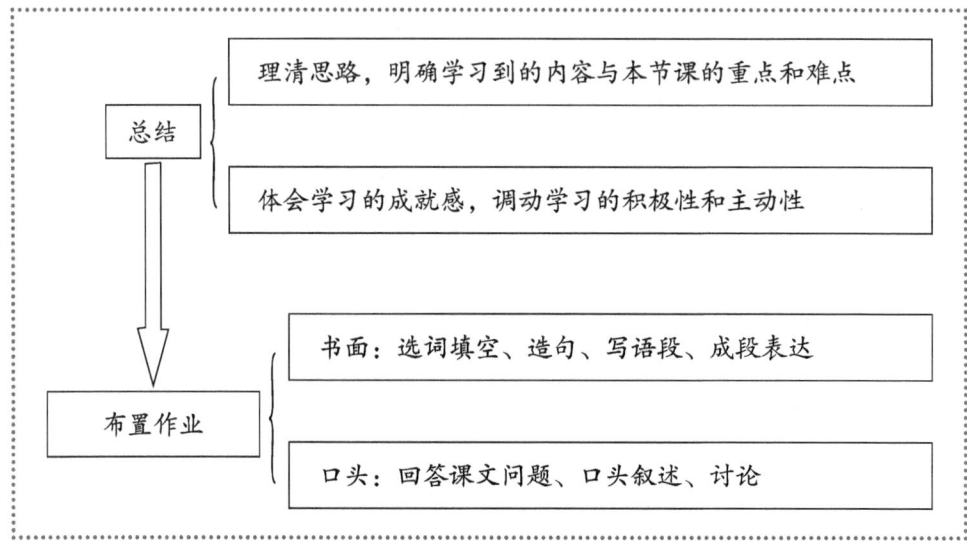

（七）综合课教学环节的时间分配

教师通过回顾以上综合课的六个教学环节，引导学生思考其中的重点，进而总结归纳在两课时100分钟的综合课中，每个环节的时间分配情况。

板书或PPT：

综合课教学环节的大概时间比例：
- 复习：10分钟以内
- 讲练生词：25分钟以内
- 讲练语法：20分钟以内
- 讲练课文：40分钟左右
- 总结：3分钟左右
- 布置作业：2分钟左右

附 录

《汉语技能教学法》
第二章第三节 综合课的教学环节

综合课的教学环节一般包括：复习、讲练生词、讲练语法、讲练课文、总结和布置作业。

一、复习

复习环节有两个目的：一是复习巩固前一课或前几课学过的内容，二是检查学生的作业。复习环节不必占用太多时间，但是这一环节很重要。根据艾宾浩斯遗忘曲线所反映的遗忘规律，学习要趁热打铁，及时复习。教师根据教学的实际情况，抓住大部分学生练习中的问题，有计划有针对性地复习、巩固前一课或前几课学过的内容，通过重点讲解、总结规律、编写补充练习等方法进行巩固，往往能收到事半功倍的效果。

复习环节也是督促学生课后复习、检查作业的手段。复习和做作业是课堂教学的延伸，如果没有及时地检查督促，学生课后就会松懈。这样，教学效果就会大打折扣。通过检查作业还可以发现学生的问题，加强教学的针对性。

在这个环节中，教师要帮助学生复习前一课或前几课的内容，特别是跟本课有关的内容。

二、讲练生词

在语音、词汇、语法、汉字四个语言要素中，词汇是最重要的。语言交际，无论是理解还是表达，都依赖于头脑中储存的大量可感应性的词汇。在语言教学的三个阶段，要始终把词语教学放在突出的位置。讲练生词的目的是把生词变成"熟词"，并且使其具有可感应性。学生不断地把生词变成"熟词"，就可以增加大脑中经验成分的数量，这是提高言语能力的关键。

无论是综合课还是技能课，都要求学生预习生词，并且养成习惯。生词预习得越好，教学越顺利，教学效果就越好。特别是多国别学生的小联合国班级，学生如果不预习生词，教师很难推动。预习要达到：会念、会写、懂意思。教师在课堂上重点解决生词的用法。

在综合课教学中，讲练生词常常使用下面一些方法：

（一）利用生词表、PPT 或生词卡读生词

1. 领读━━学生集体读━━单个读

词语教学要解决词的音、形、义、用。读生词有练习发音、认读汉字、理解词义的作用，占了四分之三。教师先领读，然后学生集体读，最后单个学生读，贯彻从易到难的教学原则。

教师在领读和学生集体读的时候，要留意哪个学生哪个词读错了，单个读时给他练习的机会。

2.学生集体读──→领读──→单个读

在学生预习生词的基础上，教师先让学生集体读，然后领读，最后学生单个读，可以检查他们预习的情况。同样，在学生集体读的时候，教师要留意哪个词学生读错了，重点领读哪个词。领读时教师还要留意，哪个学生读错了，单个读时给他练习的机会。这是为了贯彻练习的针对性：练习要针对学生的困难和困难的学生。

（二）听写

听写，是检查学生预习效果的好方法。听写可以练习发音、写汉字、辨析同音字和形似字，训练听的技能和写的技能。

听写可以使用不同的方法，可以按照课文生词表的顺序听写，如方法一；也可以填字和根据拼音写汉字，如方法二；还可以改错字，如方法三。

方法一：按照课文生词表的顺序听写（教师课前在黑板上写序号）

① 平时	⑧ 看望	⑮ 路线	㉑ 夸奖
② 遵守	⑨ 打听	⑯ 左右	㉒ 千万
③ 纪律	⑩ 住院	⑰ 成绩	㉓ 小心
④ 因此	⑪ 的话	⑱ 要命	㉔ 交通
⑤ 课间	⑫ 二环路	⑲ 帮助	㉕ 安全
⑥ 生病	⑬ 拐	⑳ 添	㉖ 代
⑦ 派	⑭ 顺		

方法二：让学生在练习本上填字和根据拼音写汉字

① _____时	⑧ kànwàng	⑮ 路_____	㉑ 夸_____
② _____守	⑨ dǎtīng	⑯ 左_____	㉒ qiānwàn
③ 纪_____	⑩ zhùyuàn	⑰ chéngjì	㉓ xiǎoxīn
④ 因_____	⑪ dehuà	⑱ yàomìng	㉔ 交_____
⑤ 课_____	⑫ 二_____	⑲ bāngzhù	㉕ ānquán
⑥ shēngbìng	⑬ guǎi	⑳ tiān	㉖ dài
⑦ pài	⑭ shùn		

方法三：让学生改错字

| ① 平时 | ⑧ 看忘 | ⑮ 路钱 | ㉑ 夸奖 |
| ② 尊守 | ⑨ 打听 | ⑯ 右左 | ㉒ 千方 |

③ 纪津	⑩ 住院	㉓ 成绩	㉓ 小心
④ 因北	⑪ 的活	⑱ 要命	㉔ 交通
⑤ 课问	⑫ 二坏路	⑲ 帮助	㉕ 安金
⑥ 生病	⑬ 别	⑳ 添	㉖ 带
⑦ 派	⑭ 顺		

（三）根据听写的词语读生词

集体读——单个读（按座位顺序）——纠正发音——单个读（不按座位顺序），训练读和说的技能。

（四）学生提问

教师根据学生的提问讲解生词时，重点解决词的意思和用法。学生预习生词的时候查词典，一个汉语词可能有多个外文义项，一个外文词也可能有多个汉语义项。学生往往不知道是哪个义项，用举例子的方法讲解就比较简便。比如：生词表中有"成绩"一词，英文翻译是"result"，"result"在汉语里有"结果""成绩"等义项。学生问："'结果'和'成绩'的意义和用法有什么不同？"在讲解"成绩"的时候，一位教师是这样讲的：

问（一个水平高的学生）：你期中考试得了多少分？

答：我期中考试听力得了 95 分，口语得了 90 分，综合课得了 88 分。

问：他期中考试的成绩怎么样？（强调"成绩"）

学生一起回答：他期中考试的成绩很好。

问：他期中考试的结果怎么样？（强调"结果"）

答：他期中考试的结果很好。

问：他听力的成绩是多少分？

答：他听力的成绩是 95 分。

问：他口语的成绩是多少分？

答：他口语的成绩是 90 分。

问：他综合课的成绩是多少分？

答：他综合课的成绩是 88 分。

教师讲解：

很好、不错、不太好……（通用）$\begin{cases} \text{考试（比赛）的结果} \\ \text{考试（比赛）的成绩} \end{cases}$

考试（比赛）的具体的结果说成绩，比如成绩是多少分。

通过这样举例子的方法讲练，学生就明白了"结果"和"成绩"的意义和用法。

（五）一般词语：组词组句

一般词语组词组句，注意要把课文中的句子组进去，然后领说、学生说。比如：

遵守—遵守纪律—平时遵守纪律—他平时遵守纪律—

山本正平时遵守纪律（课文中的句子）

（六）重点词语：设计练习

重点词语要设计成组的问答、改句子、完成句子的练习，以便形成语感。

1. 问答

教师提问，学生回答。教师提出的问题要让学生能够在回答中自然而然地用上规定的词语。

练习副词"也"：

师：你学习什么？	生：我学习汉语。
师：他学习什么？	生：他也学习汉语。
师：你是哪国人？	生：我是日本人。
师：她是哪国人？	生：她也是日本人。
师：他也是日本人吗？	生：他也是日本人。

学生的回答自然而然地说出了"也"。

练习动词"帮助"：

师：你有中国朋友吗？	生：我有中国朋友。
师：你们在一起学习吗？	生：我们在一起学习。
师：你们怎么学习？	生：我们互相学习，互相帮助。
师：你常常帮助别人吗？	生：我常常帮助别人。
师：你常常帮助谁？	生：我常常帮助我的同屋。
师：你帮助你的同屋做什么？	生：我帮助他纠正发音。

以上六个问答练习了一般动词谓语句、带状语的句子、带名词宾语的句子、带复杂宾语的句子。教师还可以问另一个学生，把第二人称"你"改成第三人称"他"。这样，一个学生做练习的时候，别人必须注意听他说什么。

2. 改句子

用规定词语改写句子，可以加深对词语意义和用法的认识。用"夸奖"改下列句子：

①师：老师说"你们学习都很努力"。

28

生：老师夸奖同学们。

生：老师夸奖同学们学习很努力。

生：同学们受到老师的夸奖。

生：同学们得到老师的夸奖。

②师：妈妈说"小明，你比以前有礼貌了"。

生：妈妈夸奖小明。

生：妈妈夸奖小明有礼貌。

生：小明受到妈妈的夸奖。

生：小明得到妈妈的夸奖。

3.完成句子

要求学生使用当课的重点词语来完成句子。用副词"倒"完成句子：

① 他吃了很多减肥药，体重没减少，_____。

② 弟弟比哥哥小 5 岁，_____。

③ 春天了，天气_____。

④ 小王身体不太好，学习_____。

⑤ 金汉成发音不好，汉字_____。

（七）交际性练习

生词教学的最后一个环节是教师要设计交际性练习，让学生用当课的生词谈真实的事情。

例如：

师：你平时学习努力吗？（练习"平时"）

你平时遵守纪律吗？（练习"遵守纪律"）

你课间常常做什么？（练习"课间"）

今天谁没来？

她为什么没来上课？（练习"生病"）

她能来上课吗？（练习"住院"）

如果她住院了，你们做什么？（练习"看望"）

你们怎么去？

你们为什么不坐公共汽车？（练习"挤得要命"）

你们骑自行车顺着哪条路线走？（练习"顺、路线"）

过马路的时候要注意什么？（练习"交通安全"）

生词是学习课文和语法的基础。学生把生词变成"熟词"，等于为学习课文和语法准备好了"建筑材料"，有了"建筑材料"，学习句子、语段、语篇就容易了。

三、讲练语法（以"把"字句为例）

初级阶段，讲练语法主要是句法，只需讲练一些最基本的句式。把汉语中有、二语学习者母语中无的句式作为重点。讲练语法可以有控制地使用外语（媒介语）。

讲练语法一般先展示新的语法点并讲解；然后做机械性练习，练习句子的结构；再做功能性练习，练习何时、何地、何目的、对何人、何种情况下使用此语法点；最后还要做活用的练习。

（一）展示和讲解

1. 先复习意义被动句

　　① 我的词典带来了。

　　② 我的自行车放在宿舍门口了。

　　③ 那支笔送给朋友了。

　　④ 这封信交给小王了。

意义被动句的含义：通过动作使某物发生位移，强调受事成为主话题，不知道或不关心施事。

2. 引入"把"字句

如果想表达通过动作使某物发生位移，强调受事成为主话题，同时强调施事为次话题，需要学习一个新的句式——"把"字句。

　　① 我的词典带来了。——→我把词典带来了。

　　② 我的自行车放在宿舍门口了。——→我把自行车放在宿舍门口了。

　　③ 那支笔送给朋友了。——→他把那支笔送给朋友了。

　　④ 这封信交给小王了。——→他把这封信交给小王了。

3. 讲解"把"字句跟意义被动句的相同点和不同点

相同点：通过动作使某物发生位移，强调受事成为主话题。

不同点："把"字句同时强调施事为次话题。

4. 讲解"把"字句的结构

　　主语（施事）+把+宾语（受事）+及物动词+其他成分

5.讲清楚什么时候必须用"把"字句

（1）强调通过动作行为使受事的位置发生变化，动词后边带有趋向补语或者结果补语"在、到、给、成"等，并且受事是主话题，施事是次话题的时候，必须用"把"字句。如：

　　①我把词典带来了。

　　②我把自行车放在宿舍门口了。

　　③他把那支笔送给朋友了。

　　④请你把这封信交给小王。

（2）强调通过动作行为使受事的程度或状态发生变化，动词后边带有程度补语、结果补语或状态补语，并且受事是主话题，施事是次话题的时候，必须用"把"字句。如：

　　①他把房间收拾得很整齐。

　　②我把衣服洗干净了。

　　③他把床单洗得干干净净。

（3）在会话中，对方问话使用"把"字句，肯定回答必须用"把"字句（不包括简单的回答），否定回答可以不用"把"字句。如：

　　A：你把练习做完了吗？

　　B：我把练习做完了。/还没有呢。

6.讲清楚什么时候不用"把"字句

（1）不强调施事对受事的处置，受事不作为主话题的，不用"把"字句，用一般动词谓语句。

（2）受事作为主话题，但是施事不出现（不关心、不知道）的，不用"把"字句，用意义被动句。

（3）动词是不及物的，或者表示感觉、心理活动的，不用"把"字句。这类动词如：是、有、在、来、去、回、喜欢、觉得、知道等。

（4）受事不是特指而是泛指的，不用"把"字句。如：

　　＊我把一本书看完了。

　　我把这（那）本书看完了。

需要说明的是，以上讲解不是一下子全部灌输给学生，而是分散地进行。学生练习时出现错误，该用"把"字句时没用或者不该用的时候用了，教师就要有针对性地进行讲解。

（二）练习"把"字句

1.机械练习：帮助学生掌握"把"字句的结构

先说好基本句：

    A：你把自行车放在哪儿了？

    B：我把自行车放在宿舍门口了。

再做替换练习：教师给出替换词，指定一人问，再指定另一人回答。

蛋糕	放厨	房里
画儿	挂	墙上
名字	写	这儿
花儿	种	院子里
邮票	贴	下边
照片	夹	书里
地毯	铺	卧室里

2.功能练习：帮助学生掌握什么时候使用"把"字句

选择答句：

①屋子里怎么这么冷？

    A.他把窗户打开了。（√）

    B.他打开窗户了。

②我的练习本呢？

    A.小张拿走了你的练习本。

    B.小张把你的练习本拿走了。（√）

③这件事你知道吗？

    A.小王把这件事告诉我了。（√）

    B.小王告诉我这件事了。

④你把杯子洗完了吗？

    A.杯子我洗完了。

    B.我把杯子洗完了。（√）

⑤你把课文复习完了吗？

    A.还没有呢。（√）

    B.我没复习完课文。

3.活用练习：教师让一个人做动作，然后问别人

① 请你把词典放在艾米的桌上。

问：他把词典放在哪儿了？

② 请你把照片夹在词典里。

问：他把照片夹在哪儿了？

③ 请你把本子放在书下边。

问：他把本子放在哪儿了？

④ 请你把名字写在黑板的中间。

问：他把名字写在哪儿了？

⑤ 请你把衣服挂在墙上。

问：他把衣服挂在哪儿了？

⑥ 请你把本子交给班长。

问：他把本子交给谁了？

⑦ 请你把这支笔给我好吗？

问：他把那只笔给谁了？

⑧ 请你把自行车借给我用一下。

问：他同意把自行车借给杨老师吗？

（三）学生提问，教师答疑

语法点讲练完以后，要给学生提问的机会，教师答疑。如果他们有什么问题，教师可以趁热打铁，及时解决。

四、讲练课文

学生学习课文之前先讲练生词和语法，是为讲练课文做铺垫，为学习课文扫除障碍。这就好比比赛之前先热身。

（一）课文教学的重要性

学习语言必须学习课文，课文包括对话体和叙述体。课文在语言教学中具有丰富多彩的包容性和教学目标的多元性。

课文把语言要素、语言结构、语言功能以及语言所包含的文化因素等融为一体。它使语音进入语流，使词汇得以活用，使句子进入交际状态，使句与句的关系和句群与句群的关系得以体现，使所有静态的语言要素变为动态的具有交际意义的话语。

课文为语言技能的训练提供了必要的语料。它可以用来训练和提高学生聆听理解的能力、

口头表达的能力，还可以用来训练和提高学生阅读理解能力和笔头表达的能力。

课文还为语言的使用提供了特定的语境，为训练和提高学生的言语交际能力提供了重要的模式。学生学习课文就是学习中国人在什么情况下对什么人说什么和怎么说。由此可见，语言知识的融会贯通离不开课文，语言技能的综合训练离不开课文，言语交际能力的培养也离不开课文。课文具有的丰富多彩的包容性和教学目标的多元性决定了它在语言教学中的重要性。

教师要顺应教材编者的意图。教材编写的过程是编者根据教学大纲、语言教学与学习规律精雕细琢地编写出一篇好的课文，然后挑选出生词和语法点。编者如此重视课文，使用教材的教师也必须重视课文，顺应编者的意图，把课文作为重中之重。

（二）课文教学的重点

课文教学的重点是培养语感和训练用汉语思维的能力。

（三）课文的讲练

课文的讲练包括字词句的讲练、结构和篇章语法的讲练、课文语体和功能的讲练、课文活用练习等方面。

1. 字词句的讲练

课文的讲解可以从听入手，也可以从读入手。从听入手是教师先吃透课文，把关键的字词句糅合在一起，编一个跟课文内容近似的简化的小短文。无论原文是对话体还是叙述体，都编成叙述体讲述出来，让学生听一到两遍。然后逐句提问，在学生回答的过程中，对学生有疑问的地方进行有针对性的讲解。

课文中说："昨天，山本和大内去方老师家了。他们是骑车去的。"在练习课文的时候教师问："他们是怎么去的？"有些学生回答："他们是汽车去的。"教师就应该讲解：

（1）"汽车"和"骑车"，"汽"第四声，"骑"第二声，声调不同，意思不同。

（2）强调方式的"是……的"句的结构是：

主语 + 是 + 动词1 + 名词 + 动词2 + 的

"他们是汽车去的"，汽车前边缺少一个动词"坐"，是一个错句。

一个字、一个词、一个句子，如果孤零零地讲解，学生很难理解，但是放到课文中在上下文语境里讲解，就比较容易理解了。一篇课文中有"他睡得可香了！"这个句子。学生查过"香"这个词的翻译和例句，对单句"他睡得可香了"的确切含义还是不能理解。在课文中有上下文语境：

马春生：小王，昨儿晚睡得好吗？

小　王：睡得可香了！昨天忙了一天，累极了。一上床就睡着了，一直睡到今天早上七点钟。

教师可以这样引导学生理解：

师：小王昨天睡得怎么样？

生：他睡得可香了。

师：小王为什么睡得可香了？

生：他昨天忙了一天，累极了。

师："睡得可香了"的意思是_____？

生：他一上床就睡着了，一直睡到今天早上七点钟。

接着，教师可以继续问：

师：你昨天睡得香不香？

生1：我睡得可香了，因为我睡得很晚。

生2：我睡得不香。

师：为什么？

生2：因为我想家了。

可见他们都理解了"睡得香"的意思和用法。

再比如："一个人吃饱了一家子不饿"没有上下文，学生听这句话，虽然没有生词，也理解不了。在课文中：

王欢想给赵林介绍一个对象，说："小赵，该成家了。"赵林一边看书一边说："成什么家？现在多好，一个人吃饱了一家子不饿。"

教师引导：

师："成家"是什么意思？

生："成家"是结婚的意思。

师：赵林结婚了吗？

生：没有。

师：他想结婚吗？

生：不想。

师：为什么？

生：他觉得现在很好。

师：怎么好？

生：一个人吃饱了一家子不饿。

师：这句话是什么意思？

生：不结婚，一个人生活很简单，没有复杂的事。

师：什么时候说"一个人吃饱了一家子不饿"？

生：觉得不结婚、一个人生活很好的时候说这个句子。

到此，可以说学生对这个句子的意思和用法都理解了。

从读入手也是要把关键的字词句糅合在一起，编一个跟课文内容近似的简化的小短文，无论原文是对话体还是叙述体，都编成叙述体。然后用投影仪打出来。教师先领读，再逐句提问，让学生回答，检查学生理解字词句和整段课文的情况。后边的方法跟从听入手一样。为什么用投影仪打出来呢？这是为了集中学生的注意力，方便教师观察和引导学生。如果学生都看自己的书，低着头，教师不容易观察学生的表情，课堂的气氛出不来。

字词句讲练的重点是训练学生准确表达的能力。

2.结构和篇章语法的讲练

无论是对话体还是叙述体，都有结构的问题。讲解结构的目的是让学生了解在真实的交际中，应该先说什么，后说什么，并且怎么样过渡。

人们在进行社会交际的时候，特别是要表达比较完整、复杂的思想的时候，往往要说很多话。这些话不是一个一个孤零零的句子，而是有中心、有层次、有关联的整体。因此，语言教学不能停留在单句教学上，必须从句向段和篇延伸，进行语段和语篇的教学。

刘勰在《文心雕龙·章句篇》中说："夫人之立言，因字而生句，积句而为章，积章而成篇。"积句为章，积章成篇是有一定的规则的。语段和语篇的规则蕴涵在课文当中，在讲解课文的时候要有意识地讲解语段和语篇的结构，有意识地讲解说话人或课文的编者是怎样组句成段、组段成篇的。

句子的连接主要靠关联词语。在汉语里，关联词语可以是连词，也可以是名词、动词、形容词、副词或词组等。教师在备课的时候，要把课文中的关联词语挑出来，总结归纳出一定的格式（结构），讲清楚这个格式所表达的功能，再举例子进行说明。

课文中有这样的句子："我们这次去山东旅行先到曲阜参观孔庙，然后去登泰山，接着去了青岛海滨，最后经过济南回到北京。"我们就要把"先……然后……接着……最后……"挑出来。这是一个表示时间顺序的格式。例如：

①星期天我们先参观故宫，然后游览了景山，接着逛了北海，最后游览了天坛。

②我和小王先复习今天的课文，然后听录音，接着做练习，最后预习新课的生词。

课文中有这样的句子："这肯定不是小王的，好像也不是小李的，我想可能是小张的。"我们就要把"肯定不是……好像也不是……我想可能是……"挑出来。这是一个表示从肯定到猜测的格式。举例子：

①这肯定不是我说的，好像也不是老马说的，我想可能是老赵说的。

②他肯定不是中国人，好像也不是日本人，我想可能是韩国人。

课文中有这样的句子："要是质量跟这个一样，价钱再便宜点儿，那可就更好了。"我们就要把"要是……再……那可就更好了"挑出来。这是一个表示希望的格式。举例子：

①要是你能参加，再带上你的夫人和孩子，那可就更好了。

②要是买一套大房子，再买一辆汽车，那可就更好了。

篇章语法的讲解还包括词语的更换、省略和句式的选择。第二语言学习者在成段表达的时候，常常抓住一个词，一用到底。比如一个学生谈旅游：

我去年暑假在中国旅游了两个星期。一个星期在北京旅游，另一个星期去上海旅游。第一天我们旅游得很累，第二天又旅游了很多地方。这次旅游花了很多钱，可是我觉得很有意思。

这段话一共有 4 个句子，用了 6 次"旅游"，听起来非常单调，没有变化。第二语言学习者在成段表达的时候，还有一个普遍性问题就是他们比较注意句子的完整性，不敢也不愿意省略。因此说出来的都是一个一个孤零零的句子。每个句子从语法到用词都没有问题，可是听起来非常别扭。比如：

这本小说很有意思。这本小说我看了一天。这本小说我看完了。

考虑到第二语言学习者在成段表达时的问题，我们教课文的时候，可以先把成段的课文变成一个一个孤零零的句子，然后跟学生一起把它们恢复成课文里的语段。

什么情况下选择什么样的句式，教师也要讲清楚。在进行语法句型教学时，常常做变换句式的练习。比如："把"字句变"被"字句，"被"字句变"把"字句。做了这样的练习学生往往以为这两个句式可以任意互换。可是在上下文中，句式的选择是有条件的，并不是任意的。课文中有这样一个句子："岳父母待我很好，始终把我看成是这个家庭的一员。"因为下一句是说明岳父母怎么待"我"好，所以绝对不能替换为"我被他们看成是这个家庭的一员。"再比如：

A：我还以为你去上海开会了呢，你怎么没去啊？

B1：他们把会议取消了。

B2：他们取消了会议。

在上述的语言环境中，B1 的回答比 B2 的更贴切。因为在"把"字句中，"把"的宾语"会议"是作为主话题在句子中出现的。"会议取消了"是他没去上海的原因。B2 句回答"他们做什么了？"显然跟 A 的问题不太符合。

总之，篇章语法的讲解，一是讲清楚关联词语，二是讲清楚词语的更换、省略和句式的选择。结构和篇章语法的讲练重点训练学生成段表达和流利表达的能力。

3. 课文语体和功能的讲练

一般来说，初级阶段的汉语教材都是口语体，中、高级阶段的课文出现了书面语体。学生分辨不清口语体和书面语体的区别，就会在口头表达的时候夹杂书面语的词汇和表达方法，或者在写正式文体的时候夹杂口语的词汇和表达方法。因此，到了中、高级阶段语体的讲解就提上日程了。

在《捷径：中级速成汉语课本·上册》[①]里有一篇课文《拥有一个家——SOS 儿童村》。这篇课文是书面语体。一位教师在教这篇课文的时候，先把书面语体变成口语体叙述，以其中第一段为例：

> 中国 SOS 儿童村是 1986 年 10 月在天津、烟台建成的。现在一共有 220 多名儿童和少年在那里生活。其中年龄最小的只有几个月，最大的已经十五六岁。这些孩子中有的是失去父母的孤儿，有的很小就被父母遗弃，他们都没有了家。建立 SOS 儿童村，是为了给这些孩子一个温暖的家，使他们得到母爱和家庭的温暖，能够健康、快乐地成长。所以说，SOS 儿童村是儿童的保护人，因为它让孩子们过上了正常的家庭生活，让他们得到了母爱。

教师叙述两遍以后通过提问引导学生分析这段课文的结构。

① 中国的儿童村是什么时候、在什么地方建成的？

这句话介绍了什么？（话题、时间、地点）

② 请你谈谈现在儿童村孩子们的生活情况。

这部分的主要内容是什么？（儿童村的基本情况）

③ 为什么要建立儿童村？

这部分说的是什么？（建立儿童村的目的）

④ 儿童村保护孩子们的什么权利？

这部分的作用是什么？（总结）

教师引导学生把这段课文分为四个层次：（1）话题、时间、地点；（2）基本情况；（3）目的；

① 朱子仪主编. 捷径：中级速成汉语课本·上册[M]. 北京：北京语言大学出版社，2008.

（4）总结。让学生按照这样的结构复述课文。接下来教师又给出两个结构相同的例子，第一个例子是一段话，教师先说两遍，然后让学生复述。

北京语言大学是 1962 年建立的。现在一共有 5000 多名学生在这里学习。其中外国留学生最多，大概有三分之二。他们有的学习现代汉语，有的学习中国的历史和文化。北京语言大学的建立，为外国留学生提供了一个良好的学习环境，帮助他们更好地学习汉语和了解中国文化。北京语言大学是留学生非常喜欢的一所学校。

第二个例子是一张表，教师让学生按照表中内容复述。

北 京 海 洋 馆

时间、地点：1999 年 3 月，动物园

鱼类情况：1300 多种海洋观赏鱼 800 多种淡水鱼 500 多种

目　　　的：给孩子们提供一个了解海洋生物的环境，让他们获得丰富的海洋知识。

总　　　结：北京海洋馆是孩子们学习海洋知识的好场所。

教师把书面语体的课文改写成口语体，让学生先练习口语体，能够复述和掌握课文的结构以后，再讲解课文中书面语体的表达方法和口语体的表达方法有什么不同。这样，学生的印象会非常深刻。最后，教师布置的作业是让学生把刚才复述过的两段补充的例子，用书面语体写出来。经过这样多次反复地讲解和练习，学生就可以比较好地掌握口语体跟书面语体的区别。

在课文的讲练中，重要的是把课文作为交际模式，训练学生用汉语思维的能力，培养汉语语感，最后落实到活用，让学生说自己想说的话。最好的方法是把完成式的课文变成未完成式，课上教师跟学生一起完成。具体做法将在第四章介绍。

课文语体和功能讲练的重点是训练学生得体表达的能力。

4.课文活用练习

课文活用练习的重点是训练学生的汉语思维能力和培养汉语语感。学生根据课文中的词语、语法结构、功能和语体等有控制地说出恰当得体的话语。

（1）模仿课文

课文原文：《我想预订房间》①

山本到一家宾馆预订房间，一位服务员小姐走了过来。

---

① 课文选自杨惠元主编的《速成汉语基础教程：综合课本 2》，由北京大学出版社 2007 年出版。

服务员：先生，您好！

山　本：您好！小姐。我想预订房间。

服务员：您要什么样的房间？

山　本：一个单间，最好是五层以下。

服务员：518号房间怎么样？

山　本：太好了，我就喜欢"8"。房间大吗？

服务员：比较大。

山　本：夏天房间里热不热？

服务员：房间里有空调，不热。

山　本：住一天多少钱？

服务员：您付美元还是人民币？

山　本：人民币。

服务员：520元一天。

山　本：便宜点儿，可以吗？

服务员：您要住多少天？

山　本：20周。

服务员：300元。

山　本：280元怎么样？

服务员：（考虑了一下）好吧，就280元。您哪天来住？

山　本：后天。

服务员：后天见！

模仿练习一：

① A：先生，您好！

　 B：您好！小姐。我想预订房间。

　 A：您要什么样的房间？

　 B：一个单间，最好是五层以下。

② A：小姐，您好！

　 B：您好！先生。我想预订一个房间。

　 A：你要什么样的房间？

　 B：一个双人房间，最好是在二层。

③ A：＿＿＿＿，您好！

40

B：您好！_____。我想_____。

A：您要什么样的房间？

B：_____。

模仿练习二：

①A：住一天多少钱？

B：520元一天。

A：便宜点儿，可以吗？

B：您要住多少天？

A：20周。

B：300元。

②A：住一个晚上多少钱？

B：400元。

A：便宜点儿，可以吗？

B：您要住多少天？

A：10天。

B：350元。

③A：住_____多少钱？

B：_____。

A：便宜点儿，可以吗？

B：您要住多少天？

A：_____。

B：_____。

这种练习先给学生两个模式，一个是课文中的内容，另一个是教师编写的跟课文结构相同的对话或短文。学生模仿这两个例子的结构，根据上下文说出恰当得体的话。

（2）完成会话的练习

训练学生根据课文中学过的词语、语法结构、功能和语体等，在上下文中说出恰当得体的话语，包括准确表达、流利表达和得体表达。这个练习跟以上练习的不同之处是没有模仿的例子，难度有所增加。

山　本：小姐，我想_____两个房间。

服务员：您要_____？

山　本：两个＿＿＿＿＿＿＿＿＿＿＿＿的单间，有吗？

服务员：有。一层行吗？

山　本：＿＿＿＿层有吗？最好是＿＿＿＿层。

服务员：对不起，＿＿＿＿层没有了，四层还有两间。

山　本：四层也可以。

服务员：您＿＿＿＿＿＿＿＿＿＿＿＿＿？

山　本：后天。住一天＿＿＿＿＿＿＿＿＿？

服务员：你住＿＿＿＿＿＿＿＿？

山　本：＿＿＿＿周。

服务员：＿＿＿＿＿＿＿＿一天。

山　本：＿＿＿＿＿＿＿＿，可以吗？

服务员：＿＿＿＿＿＿＿吧。

山　本：行，就＿＿＿＿吧，后天见。

　　课文活用练习有助于培养学生的汉语语感，综合训练学生的汉语思维能力，包括准确表达的能力、流利表达的能力和得体表达的能力。

　　5.学生提问，教师答疑

　　课文讲练完以后，给学生提问的机会，教师答疑。如果他们有什么问题，教师可以趁热打铁，及时解决。

五、总结

　　帮助学生理清思路，明了今天学习了什么，重点和难点是什么。同时也让学生体会到学习的成就感，从而调动学习的积极性和主动性。

六、布置作业

　　作业是课堂教学的延伸，学生及时完成作业，既可以加深对新知识的理解和记忆，也能帮助学生尽快把语言要素转化为语言技能和言语交际技能。作业有书面作业也有口头作业。

　　书面作业，如：写在书上的选词填空，写在练习本上的造句、写语段、成段表达等。

　　口头作业，如：复习课文并回答课文中的问题，用课文的结构准备一段话叙述，学生课下阅读课文课上讨论等。

七、综合课教学环节的大概时间比例（共两课时 100 分钟）

1. 复习（10 分钟以内）

2. 讲练生词（25 分钟以内）

3. 讲练语法（20 分钟以内）

4. 讲练课文（40 分钟左右）

5. 总结（3 分钟左右）

6. 布置作业（2 分钟左右）

讲练课文和讲练语法孰先孰后可以灵活掌握，先讲练课文为展示语法点提供语言环境，先讲练语法为讲练课文扫除障碍、做好铺垫。